NILMA BOECHAT

XANDINHO
O MENINO QUE PLANTA

ILUSTRAÇÕES DE
AUGUSTO FIGLIAGGI

Copyright © 2025 por Lura Editorial. Todos os direitos reservados.

Gerentes Editoriais
Roger Conovalov
Aline Assone Conovalov

Gerente Comercial
Eduardo Carvalho

Coordenador Editorial
André Barbosa

Revisão
Gabriela Peres

Capa e Diagramação
Lura Editorial

Ilustração
Augusto Figliaggi

Todos os direitos reservados. Impresso no Brasil.
Nenhuma parte deste livro pode ser utilizada, reproduzida ou armazenada em qualquer forma ou meio,
seja mecânico ou eletrônico, fotocópia, gravação etc., sem a permissão por escrito da editora.

DADOS INTERNACIONAIS DE CATALOGAÇÃO NA PUBLICAÇÃO (CIP)
(Câmara Brasileira do Livro, SP, Brasil)

Boechat, Nilma
   Xandinho, o menino que planta / Nilma Boechat. -- 1. ed.
São Caetano do Sul, SP : Lura Editorial, 2025.

32 p. ; 21x24 cm

ISBN: 978-65-5478-196-1

1. Literatura infantojuvenil I. Boechat, Nilma. II. Título

CDD: 333.72

Índice para catálogo sistemático
1. Literatura infantojuvenil

[2025] Lura Editorial
Alameda Terracota, 215, sala 905, Cerâmica – 09531-190 – São Caetano do Sul –SP – Brasil
www.luraeditorial.com.br

Se você planeja para um ano, plante arroz.
Se você planeja para dez anos, plante uma árvore.
Mas se você planeja para cem anos,
eduque uma criança.
Confúcio

Era uma vez, numa cidade do Rio de Janeiro, um menino chamado Xandinho de apenas quatro anos.

Xandinho era um garoto muito feliz, tinha os cabelos cacheados, sorriso largo e um coração bondoso. Ele sempre gostava de brincar perto das árvores, suas melhores amigas. Brincava de bola, corria pra lá, corria pra cá, num vaivém animado e até engraçado.

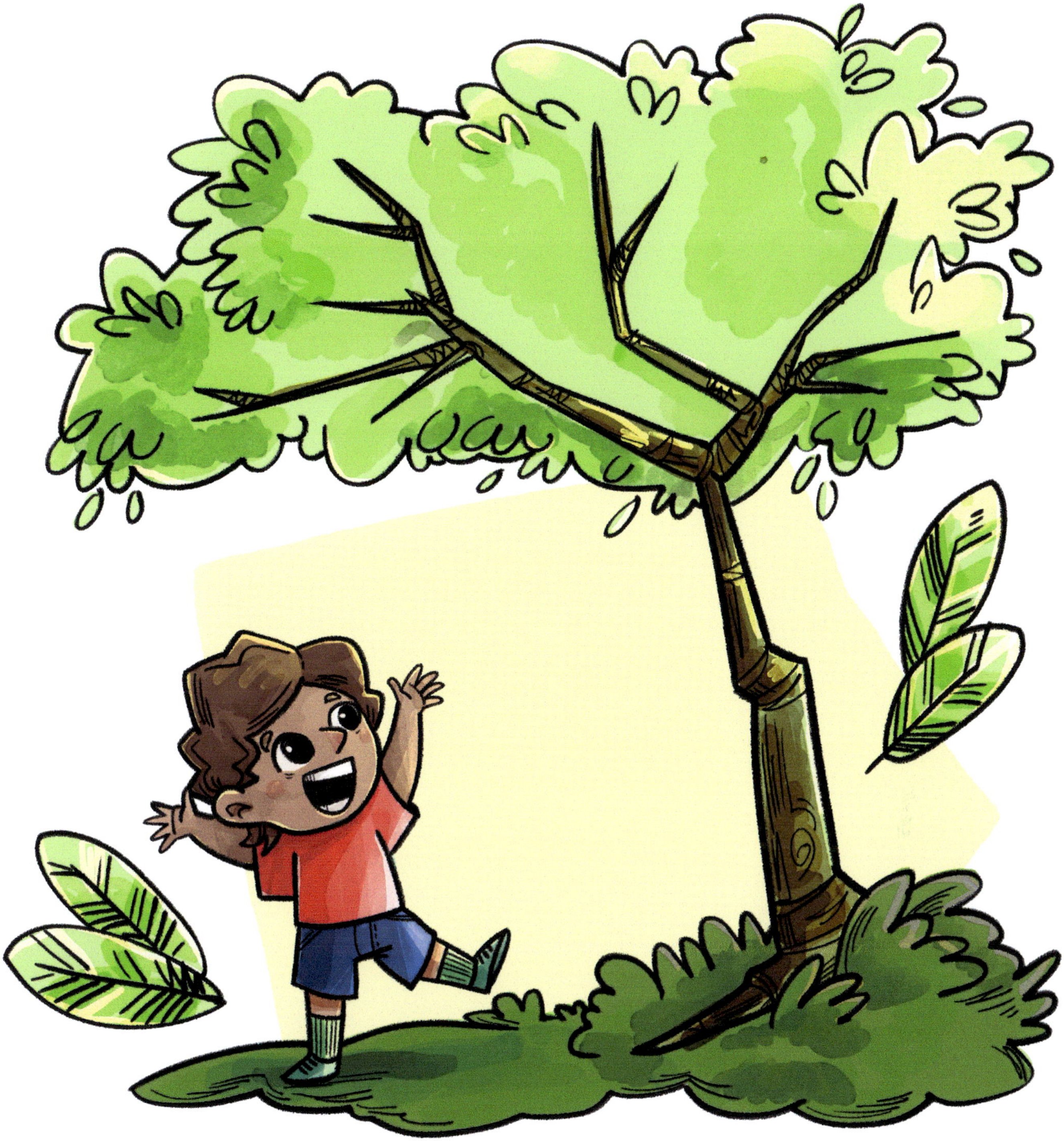

6

Certo dia, Xandinho estava brincando no quintal de sua casa, quando, de repente, começaram a cair bolinhas do céu na sua cabeça, *ploct, ploct, ploct*. Imediatamente, juntou as duas mãos, começou a recolher algumas e gritou:

— Māāāāāee!

A mãe dele, assustada, correu para ver o que estava acontecendo e disse:

— O que houve, meu filho? Por que gritou tão alto?

— Veja só, mamãe, estão caindo bolinhas do céu.

A mãe, achando engraçado, explicou:

— Não são bolinhas, Xandinho, são sementes que caíram da árvore.

— O que é uma semente, mamãe? — perguntou o curioso e engraçado Xandinho.
— Ah, sementes são como uma plantinha bebê, que se você plantar, nascerá uma linda árvore.
— Um bebê árvore? — questionou ele, rindo bastante.
— Não, Xandinho, não é um bebê de verdade — respondeu a mãe, sorrindo. — Essa semente é um ser vivo que, se você plantar e cuidar, crescerá.
— E como eu faço para a bebê planta crescer? — perguntou novamente Xandinho.
— É muito fácil, meu filho. Eu vou te ensinar.

9

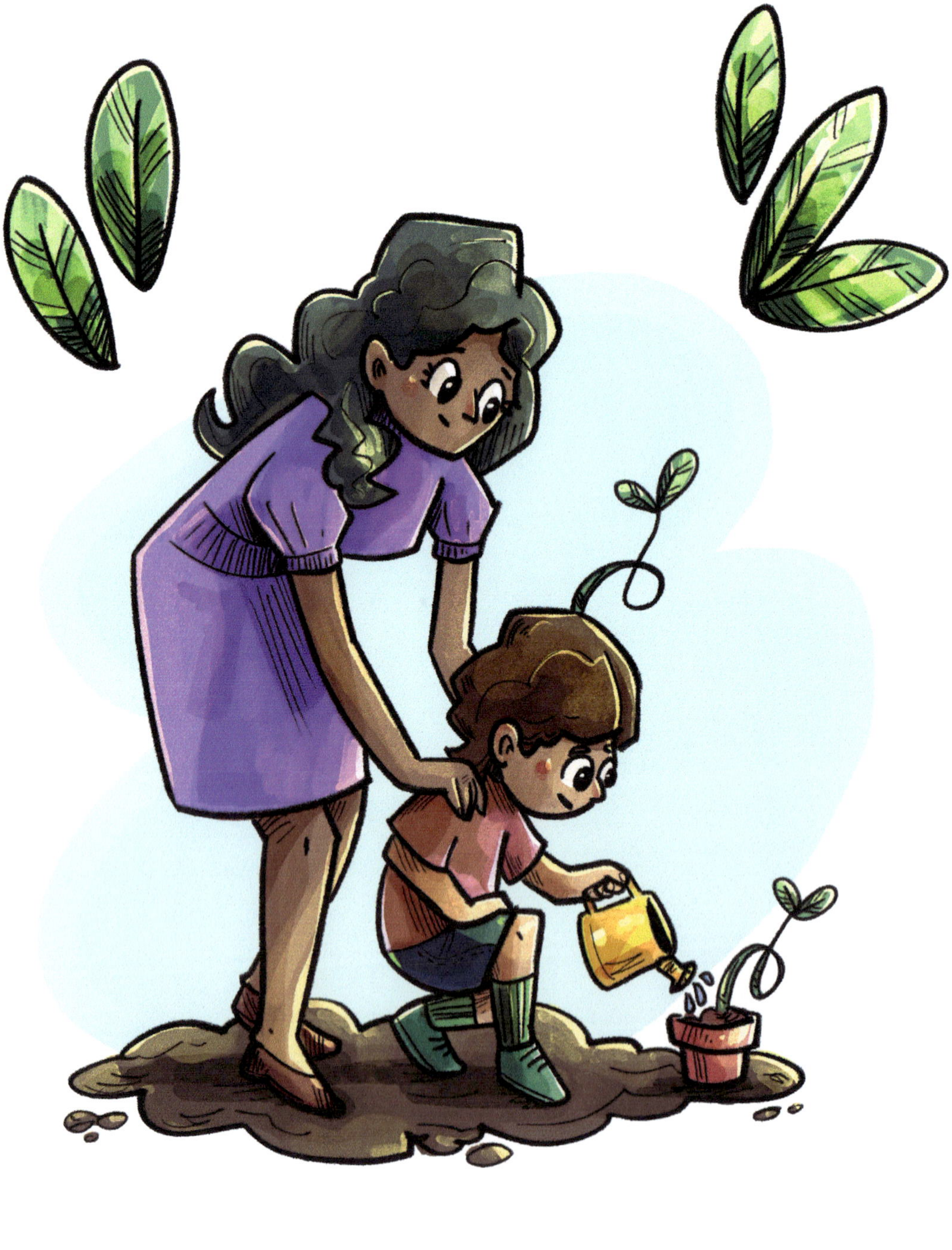

Assim, Xandinho aprendeu como plantar as sementes e fez tudo o que sua mãe lhe ensinou. Pegou um pote com furos no fundo, colocou um pouco de pedras, um pouco de terra, jogou as sementes e, por fim, espalhou mais terra em cima delas. E todos os dias, quando ele acordava, corria para ver se já tinham crescido e as regava *chuá, chuá, chuá*, para que se desenvolvessem.

Numa linda manhã, em que o sol sorria para a Terra como se dissesse "Vai ser um lindo dia!", Xandinho acordou, correu para ver se as sementes haviam crescido e gritou:

— Mãããeeeeeeee!

— O que foi, menino? Assim você me assusta! — respondeu a mãe dele.

— Olha, mamãe, uma semente está crescendo! Olha bem de perto, mamãe!

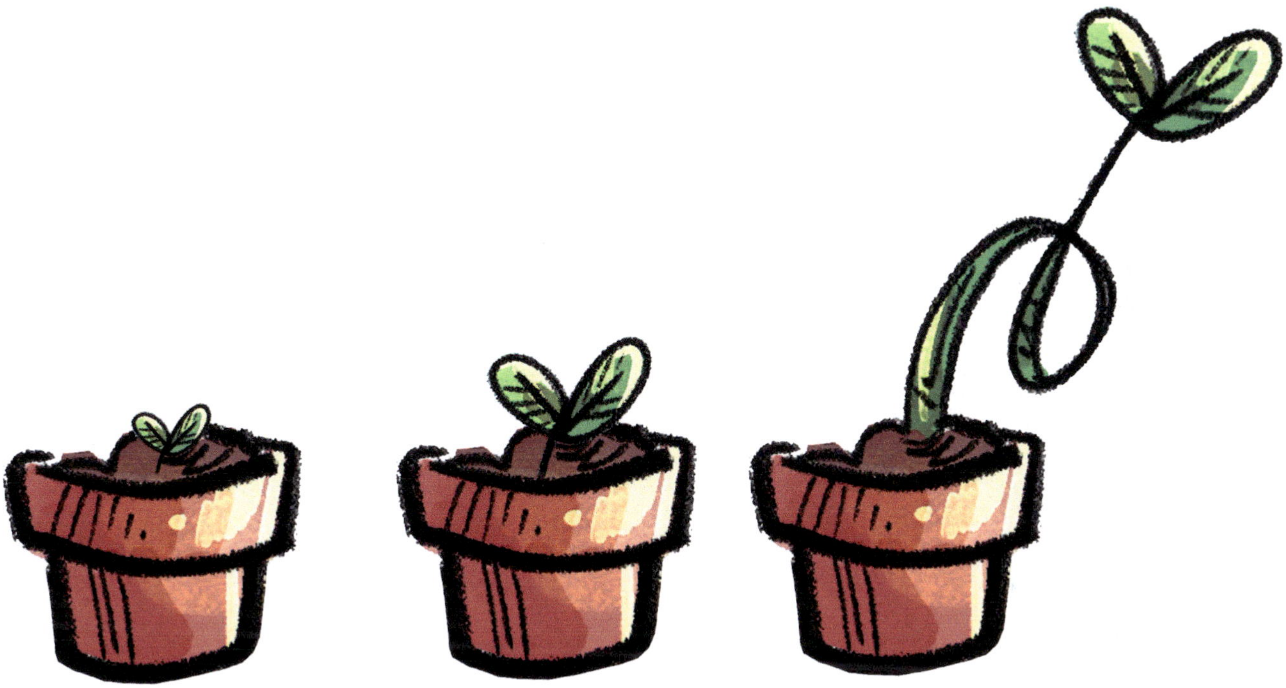

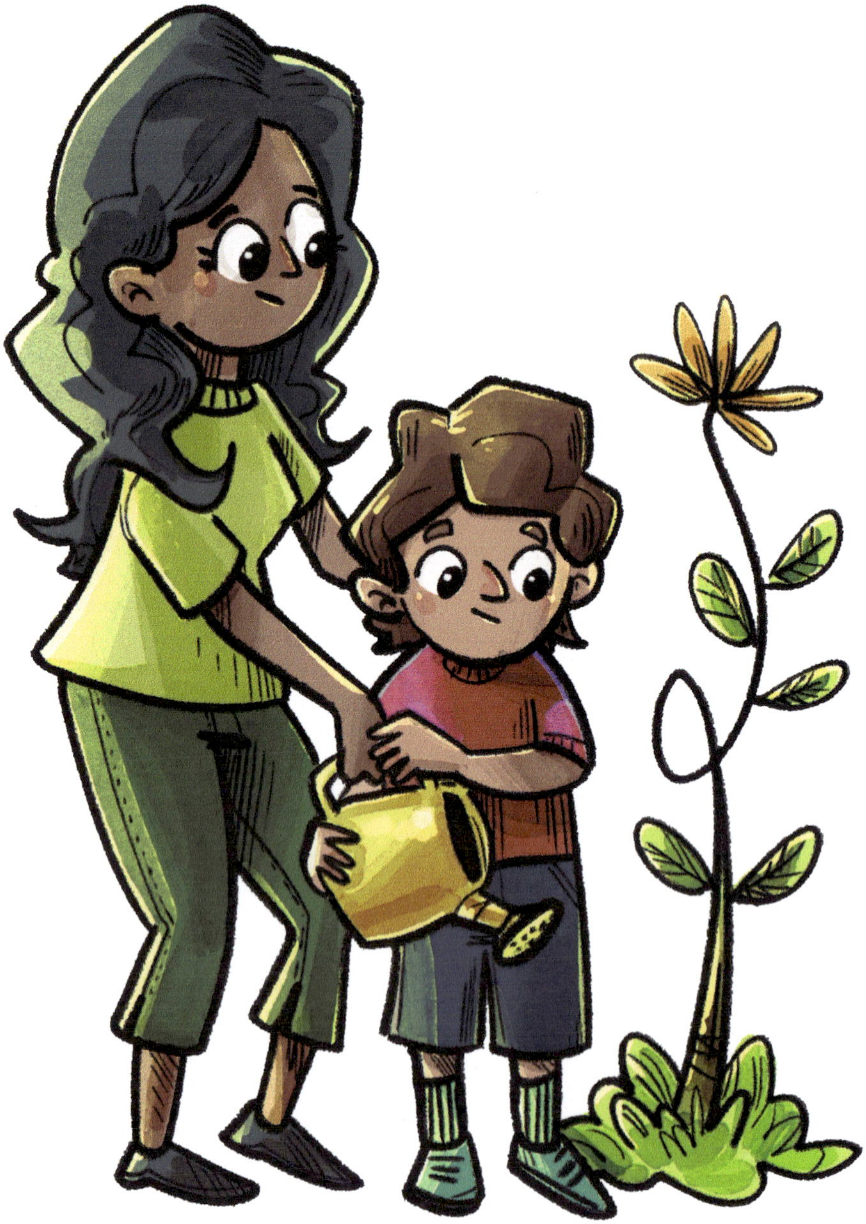

A mãe do menino abriu um lindo sorriso ao ver os primeiros sinais de uma árvore surgindo no vaso. Abraçou o filho e disse:

— Parabéns, Xandinho, você cuidou muito bem da semente e, por isso, ela cresceu!

A árvore dele continuou crescendo, crescendo e crescendo, até se tornar uma linda árvore chamada ipê-rosa, que ele e o pai plantaram em sua rua. O ipê-rosa é a primeira árvore plantada por Xandinho, e dá lindas flores.

Certo dia, quando Xandinho terminava de tomar café da manhã com a família, tranquilo e despreocupado, olhou para o pai e percebeu que ele estava triste, muito triste, de cabeça baixa e abatido. O menino, pensativo, imediatamente perguntou ao pai:

— Papai, por que você está tão triste assim?

Seu pai o olhou e respondeu:

— Xandinho, estou triste porque o mundo está precisando de mais verde, tem muitas pessoas cortando e queimando as árvores e eu não sei o que fazer. Nós precisamos delas para ter uma vida melhor, e com toda essa destruição, o que será do nosso planeta?

17

18

— Por que as pessoas cortam as árvores, papai? E por que colocam fogo nelas? — questionou Xandinho. — Isso é muito triste! Eu não vou cortar a minha amiga árvore!

— Ah, Xandinho, algumas pessoas não entendem que elas são importantes, que são seres vivos.

— Por que elas são tão importantes assim, papai? — novamente perguntou o garoto.

— Ah, Xandinho, tem muitos motivos. Elas nos dão sombra, flores e frutos. Ajudam a firmar o solo, diminuem o barulhão da cidade e são um hotelzinho para as aves. Deixam as pessoas mais calmas, melhoram o ar que respiramos, e a cidade fica fresquinha, fresquinha e mais bonita.

— Uau — disse Xandinho —, elas fazem tudo isso? Que legal! Ainda bem que eu plantei uma árvore!

21

E Xandinho abaixou a cabeça, pensativo. Olhou para o pai, que estava preocupado, e pensou, pensou e pensou num jeito de ajudar o planeta, até que, de repente, *PLUCT*, deu um pulo da cadeira e falou:

— Papai, tenho uma grande ideia! Vamos plantar muitas árvores! Eu te ajudarei! Quero encher o mundo de verde, quero ser um menino que planta.

23

E, assim, Xandinho e sua família nunca mais pararam de plantar. Todos agora o chamavam de O MENINO QUE PLANTA, esquecendo-se até de seu nome.

O Menino que Planta foi crescendo, crescendo e não parou mais de plantar árvores por todos os lados. A rua onde ele mora é cheinha de árvores frutíferas, plantadas por ele e sua família. Tem pé de acerola, goiaba, abiu, oiti, jabuticaba, mangueira, jambo e uma de nome engraçado, grumixama. Quem conhece o motivo do nome dessa planta? Será que é porque ela nos chama a cuidar da natureza? GrumiXAMA?

25

26

Algumas pessoas ficaram felizes, tão felizes com as árvores do Menino que Planta, que hoje o ajudam a plantar também. Elas entenderam que precisam das árvores para viver, que elas são amigas e muito importantes.

Ah! Esse MENINO QUE PLANTA parece que veio do céu!

E ele foi crescendo, crescendo, como suas amiguinhas árvores, e continua a plantar, plantar e plantar. Plantou uma árvore, plantou duas árvores, plantou três árvores, vinte, cem, duzentas, quinhentas, mil e UFA! Adivinhe quantas árvores ele plantou?

Plantou mais de quatro mil árvores lindas, e o seu maior sonho é reflorestar o mundo!

Quando o Menino que Planta estiver bem grande, já terá uma floresta todinha para você e eu brincarmos.

Que tal você ajudar Xandinho a fazer deste mundo um lugar cheio de muitas, muitas e muitas árvores? Cheinho de plantas, muito verde, florestas, flores e frutos? Um mundo bem melhor.

Que tal começar hoje o seu plantio?

Chame seu papai, sua mamãe, o vovô, a vovó ou a pessoa que cuida de você para ajudar.

Ah! E se puder, envie para gente uma foto ou um desenho de sua árvore ou planta!

Faça como Xandinho:

PLANTE HOJE PARA COLHER AMANHÃ!

29

SOBRE O XANDINHO E FAMÍLIA

Alexandre Bensabat Filho, o Xandinho, tem onze anos e seu maior sonho é reflorestar o mundo.

Nasceu em Niterói, Rio de Janeiro e atualmente mora em Nova Iguaçu, onde recebeu da Câmara Municipal o título de cidadão iguaçuano por seu projeto O Menino que Planta, e Moção de Aplausos na cidade do Rio de Janeiro e Cachoeiras de Macacu.

É filho de Alexandre Bensabat, Tereza Cristina e tem dois irmãos, Daniel Bandeira e Bernardo Bensabat. Sua família o inspira e o apoia nessa jornada de cuidar do meio ambiente.

É estudante do Ensino Fundamental, cursando o sexto ano, no Colégio CIEM, em Nova Iguaçu.

Participou de vários programas da Rede Globo, como o RJ TV, Globo Repórter e também de algumas matérias em jornais da cidade.

Foi reconhecido no Rio de Janeiro como fiscal das queimadas pelo Comitê Guandu.

Participou de um programa na UNESCO, que foi transmitido para diversos países, com o intuito de atender as crianças com deficiência visual.

O objetivo de Xandinho é ajudar o próximo e deixar um mundo melhor para seus filhos, um mundo diferente do que deixaram para ele.

AGRADECIMENTOS

A Deus primeiramente, que me dá forças para continuar.

Ao meu pai Alexandre, à minha mãe Tereza Cristina e aos meus irmãos Daniel Bandeira e Bernardo Bensabat, por todo o apoio e suporte. Sem vocês, o meu projeto O Menino que Planta não seria o mesmo. Amo vocês!

Aos meus familiares que me incentivam a continuar, o meu muito obrigado.

Aos amigos e voluntários sempre empenhados no mesmo objetivo, que mesmo sabendo de todas as lutas, dificuldades e contratempos, não desistem de sonhar com um mundo mais verde, a minha gratidão.

À escritora deste livro, Nilma Boechat, agradeço de coração por contar a minha história.

À empresa Execut Engenharia Ltda, que patrocinou o livro e sempre contribuiu com o nosso projeto, o meu muito obrigado.

Como o poeta cubano José Marti falou: "Três coisas que uma pessoa deve fazer na vida. Plantar uma árvore, ter um filho e escrever um livro." Sinto que estou trilhando o caminho certo e, aos poucos, realizando os meus sonhos.

**Se você quiser participar do Projeto Menino que Planta, entre em contato conosco nas redes sociais:
Instagram/ Facebook: @meninoqueplanta**

SOBRE A AUTORA

NILMA BOECHAT é professora, formada em Comunicação Social com habilitação em Relações Públicas. Natural do Rio de Janeiro, é autora do livro *Coração Verde*, lançado em 2023 pela editora Ases da Literatura. Também participou de várias antologias, incluindo o Selo Off Flip em 2024. Casada com Marcos, é mãe de Daniel, apaixonada por suas plantas, livros e seu cãozinho Spyke.

AGRADECIMENTOS

A Deus, minha maior inspiração. Ao meu esposo Marcos pelo apoio incondicional, por ouvir minhas histórias, ajudar na construção delas e por me dar todo o suporte que preciso. Te amarei para sempre!

Ao meu filho Daniel, que me inspira e me ajuda com seu talento.

À minha irmã Norma e sua netinha Lorena de seis anos, que fizeram a leitura crítica desta obra com tanto carinho e deram sugestões criativas.

Ao meu grande amigo Joel Vasconcelos, por sua amizade e por todo o suporte em mídia.

À família do Xandinho. Muito obrigada por me escolher para escrever esta história incrível e emocionante. Me sinto honrada!

Ao Xandinho por ser esse menino sensacional e com um coração verde.

À Editora Lura e aos funcionários, que acreditaram nestas páginas, e ao ilustrador Augusto Figliaggi pelo belíssimo trabalho.

CONTATOS DA AUTORA

Instagram: @nilma.boechat
YouTube: Nilma Boechat